Formando Palabras en español

Adaptado para los Grados 1–3

Por

Graciela Enríquez

J.H. Inskeep

Susana Ibarra-Johnson

JoAnn Ulibarrí

Contenido

Hace dos años, la escuela Lavaland adoptó cuatro formas básicas de aprendizaje llamado "Modelo Cuatro Bloques (Four Block Model). Nosotros observamos que, después del primer año, ocurrían cosas muy interesantes durante el bloque de "Formando Palabras" (Making Words) en inglés. Las actividades de Formando Palabras permitían a los alumnos experimentar y formar una variedad de palabras aumentando cada vez más su interés por formar nuevas palabras. El Departamento Bilingüe e Idioma Dual quería probar las mismas actividades con sus alumnos. Sólo que ¿dónde se podía adquirir esta clase de actividades con lecciones? No había material de "Formando Palabras" en español.

Visitamos entonces la escuela primaria de East San José para observar la implementación del "Modelo Cuatro Bloques" en el ambiente bilingüe e idioma dual. Las docentes Kay Fulton, Carolyn Robinson, Lucy Hampson, Norma Nuñez y Lupe Romero comenzaban a implementar esta estructura en español.

Posteriormente, Graciela Enríquez empezó a desarrollar sus propias lecciones de "Formando Palabras" en español. Las primeras lecciones han evolucionado en los materiales que se presentan aquí en este libro. Esperamos que estas lecciones les alienten a comenzar o continuar "Formando Palabras" en español en sus aulas bilingües y de idioma dual, y que la transferencia de conocimiento promueva ampliar el aprendizaje de los alumnos en inglés y español.

Estos materiales se han formulado según el Modelo Cuatro Bloques que fue desarrollado por Cunningham, Hall, Sigmon, etc. ed. all.

J. H. Inskeep
July, 2001
Albuquerque, New Mexico

Traducción: G. Enríquez

Este libro le puede parecer familiar a quien usa "Formando Palabras" en inglés. Pero hay algunas características propias del bloque de Formando Palabras en español para tener en cuenta.

Las palabras de las lecciones han sido formuladas de acuerdo con el alfabeto renovado.

Usted verá la sección de este libro titulada **TABLA DE MATERIAS ORGANIZADA POR TEMA**. Esta información se proporciona para ahorrarle al maestro(a) tiempo. *Examine el vocabulario y nivel de las palabras secretas. Planee sus lecciones según su relación al plan de estudios.

La sección titulada **PLAN DE LECCIÓN PROPIA** le ayudará a personalizar las lecciones para su currículo y nivel de clase, promoviendo el entendimiento de las lecciones y los deseos de sus alumnos de aprender a "formar palabras".

Lea cuidadosamente la sección titulada **PRESENTACIÓN DE LA LECCIÓN**. Esta sección le dará respuestas a preguntas que usted tenga sobre las lecciones. Usted se sentirá confidente con cada lección presentada. Recuerde que regular el ritmo de la lección es muy importante, de acuerdo con la respuesta de la clase.

TRABALENGUAS son divertidos para todos, y motivan la práctica de formar palabras con los patrones de sonido iniciales y finales.

POEMAS FONEMÁTICOS son versos que despiertan conciencia fonética y promueven discusiones de niveles diferentes.

En las lecciones se ha proporcionado un espacio para que el maestro(a) pueda añadir palabras nuevas que los alumnos irán descubriendo.

REFERENCIA RÁPIDA DE PALABRAS SECRETAS permite la conexión rápida de la palabra secreta en español e inglés en las aulas bilingües y de idioma dual.

GLOSARIO DE REGIONALISMOS asiste en el uso de palabras dentro de la lección que, tal vez no sean universales.

Este material está en orden alfabético, excepto donde existe una secuencia más lógica. El primer número es el nivel de la lección, seguido del número de la página.

Geografía	nivel	página		Insectos	nivel	página
barranca	(2)	60		abejitas	(1)	22
continente	(3)	101		cucaracha	(2)	72
geografía	(3)	107		hormigas	(2)	69
Río Grande	(3)	111		insectos	(3)	100
				mariposa	(3)	88

Matemáticas				Meses del año		
estimación	(3)	113		enero	(1)	13
dividiré	(1)	14		febrero	(2)	48
matemáticas	(3)	114		marzo	(1)	29
noventa	(1)	41		abril	(1)	12
triángulo	(3)	85		mayo	(1)	10
				junio	(1)	25
				julio	(1)	24
				agosto	(1)	42
Nombres propios				septiembre	(2)	73
Clemente	(1)	26		octubre	(2)	68
Mercedes	(2)	52		noviembre	(2)	74
				diciembre	(2)	71

Sustantivos				Verbos		
amistad	(1)	17		atrapada	(2)	49
amistades	(2)	81				
angelito	(3)	98		Vestuario		
bandera	(2)	50		chamarra	(2)	61
cámara	(1)	15		uniforme	(2)	82
canastas	(2)	57				
estudiante	(3)	105				
fantasma	(2)	59				
farolitos	(3)	92				
felicidad	(2)	75				
flamenco	(3)	84				
globos	(1)	18				
habitante	(3)	102				
lámpara	(1)	30				
Las mañanitas	(3)	117				
los Cupidos	(3)	112				
luminaria	(3)	87				
llamada	(1)	36				
maestra	(1)	47				
mañanitas	(1)	44				
mezcla	(1)	28				
presente	(1)	27				
regalos	(1)	43				
retratos	(3)	93				

Una vez que el maestro(a) ha elegido la lección del libro a presentar, se seguirán los siguientes pasos para la actividad de Formando Palabras en español:

PRIMERO: Se colocan las todas las letras a utilizar en la tabla.

SEGUNDO: El maestro(a) escoge varios alumnos para repartir las letras a los demás alumnos. Estos mismos alumnos recogerán las letras al final.

TERCERO: El maestro(a) muestra las letras grandes de la tabla, y los alumnos responden pronunciando las letras y mostrando sus propias tarjetas, asegurándose que cada alumno tiene todas las letras necesarias.

CUARTO: El maestro(a) escribe en el pizarrón el número de letras de la palabra que desea que los alumnos formen. Les pide que digan la palabra y la utilicen en una oración.

QUINTO: Los alumnos forman la palabra con sus tarjetas.

SEXTO: El maestro(a) elige a un alumno que haya formado rápidamente la palabra correcta, para que pase adelante a formar la palabra con las tarjetas grandes de la tabla, antes de que terminen todos, y anima a quienes no formaron la palabra correcta a corregirla antes de pasar a la siguiente palabra.

SÉPTIMO: El maestro(a) continúa formando palabras aumentando el número de letras para la siguiente palabra y escribiendo el número en el pizarrón. Les comenta a los alumnos los cambios en las letras, y si la palabra es un nombre propio, les anuncia que comienza con una letra mayúscula.

OCTAVO: Antes de revelar la última palabra, pregunta si alguien ha formado la palabra secreta usando todas las letras. Como estímulo, se escoge a uno de los alumnos que ha formado la palabra secreta para que pase a formar la palabra con las tarjetas grandes de la tabla.

(Algunos maestros optan por seguir lo que resta de la lección el día siguiente.)

NOVENO: Cuando todas las palabras hayan sido formadas, se colocan en el orden en que los alumnos las formaron en la tabla, mientras los alumnos deletrean las palabras. Estas palabras se usan para formar patrones. El maestro(a) escoge una palabra de algún patrón y le pide a un alumno que identifique otras palabras con el mismo patrón. Se exhiben los patrones de palabras juntos donde puedan se apreciados por todos los alumnos.

DÉCIMO: Para la transferencia de lectura y escritura, se le permite a los alumnos deletrear palabras nuevas (palabras transferidas (transferred words)), que el maestro(a) les dictará, para que los alumnos las escriban o deletreen oralmente, y las coloquen en los "patrones" de la lección presentada.

Los siguientes pasos a seguir son una ayuda para crear sus propias lecciones.

PRIMERO: Escoja una palabra secreta determinando su enlace con el plan de estudios o currículo, y los patrones de letras, ya sea con el patrón inicial, intermedio o final que desea enfocar en la lección.

SEGUNDO: Anote palabras más cortas utilizando las letras que forman la palabra secreta escogida.

TERCERO: Seleccione entre doce y catorce palabras anotadas. Las palabras seleccionadas serán:
1. palabras que enfocan el patrón elegido de la lección a presentar.
2. palabras cortas y largas, cuando se trata de una lección para diferentes niveles.
3. palabras que se pueden formar usando las mismas letras en diferente lugar (casa/saca) para reforzar que, en el deletreo es indispensable el orden de las letras.
4. algunos nombres propios para indicar el uso apropiado de las letras mayúsculas.
5. palabras usadas en el vocabulario diario de los alumnos.

CUARTO: Escriba las palabras en tarjetas para archivo blancas de 4 x 6 pulgadas, empezando con la palabra más corta hasta la más larga.

QUINTO: Cuando tenga escritas las palabras, ordénelas según el número de letras de menor a mayor, centrándose en los patrones utilizados y en cómo se cambian las letras para la formación de una palabra nueva. Luego se elige una o dos letras distintas que no estén en la palabra secreta para formar una palabra nueva, que será la palabra transferida para cada patrón.

SEXTO: Utilice un sobre para guardar las tarjetas de la lección, teniendo en cuenta los patrones a enfocar al final de la lección que se llevará a cabo.

Por ejemplo, puede utilizar la palabra **"planta"**, la cual contiene 6 letras (a, a, p, t, l, n) como la palabra secreta cuando se está estudiando el tema de las plantas.

Después se hace la lista de palabras más cortas de la palabra secreta: la, al, tan, pan, Ana, ata, Alán, lana, alta, lata, nata, atan, pata, pala, patean. Se apuntan en las tarjetas blancas, usando un rotulador rojo para las vocales y un rotulador negro para las consonantes y para las palabras transferidas.

Luego se eligen los patrones en los que se desea que los alumnos enfoquen su atención al final de la lección: un patrón inicial, uno final y, si es posible, uno intermedio.

Letras: a, a, p, t, l, n,

Palabras:

			Patrón **inicial** de:	**(pa)**
al/la	alta/lata	plata		
tan	nata/atan	patán		**pa**n
pan	pata/tapa	**planta**		**pa**la
Ana	lana/Alán			**pa**ta
ata	pala			**pa**tán

Patrón **intermedio de:**   **(ata)**   Patrón **final** de: **(ta)**

l**ata**	a**ta**
p**ata**	al**ta**
n**ata**	l**ata**
pl**ata**	pl**ata**
p**atá**n	plan**ta**

Palabras transferidas: **pa**to, **r**a**ta** can**ta**.

(Notarán las letras diferentes, **o, r, c,** para las palabras transferidas.)

Con las vocales y las consonantes: **a, o, y, m.**

Palabra secreta: **mayo**

Las palabras son:

a	yo	ayo
o	ya/ay	**mayo**
y	Moya	

Cataloga las palabras según su **patrón inicial de:**
(y) = y, yo, **y**a.

Cataloga las palabras según su **patrón final de:**
(o) = o, y**o,** may**o,**
(a) = a, y**a,** Moy**a.**

Las palabras transferidas de la palabra secreta son:
yeso, cayo, yema.

Con las vocales y las consonantes: **e, e, u, v, s, j.**

Palabra secreta: **jueves**

Las palabras son:

ve	es/se	ese
su	eje	**jueves**
	ves	

Cataloga las palabras según su **patrón inicial de:**
(e) = **e**s, **e**je, **e**se.

Cataloga las palabras según su **patrón final de:**
(es) = **es,** v**es**, juev**es**.

Las palabras transferidas de la palabra secreta son:
este, lunes.

Con las vocales y las consonantes: **i, a, b, l, r.**

Palabra secreta: **abril**

Las palabras son:

a	lía	abrí
ir	iba	libra
la/al	irá/ría	**abril**

Cataloga las palabras según su **patrón inicial de:**
(**abr**) = **abr**í, **abr**il,
(**i**) = **i**r, **i**ba, **i**rá.

Cataloga las palabras según su **patrón final de:**
(**a**) = rí**a**, ir**á**, ib**a**, libr**a**.

Las palabras transferidas de la palabra secreta son:
abre, iré, loba.

Con las vocales y las consonantes: **e, e, o, n, r.**

Palabra secreta: **enero**

Las palabras son:

no	ene	éneo
en	René	**enero**
oré/reo	oren	

Cataloga las palabras según su **patrón inicial de:**
(en) = **en**, **en**e, **én**eo, **en**ero.

Cataloga las palabras según su **patrón final de:**
(o) = n**o**, éne**o**, ener**o**, re**o**.

Las palabras transferidas de la palabra secreta son:
entre, cené, entro.

Con las vocales y las consonantes: **i, i, i, e, d, v, r, d.**

Palabra secreta: **dividiré**

Las palabras son:

vi	vid	divide
di	iré/ríe	dividir
ir	diré	**dividiré**

Cataloga las palabras según su **patrón inicial de:**
(di) = **di, di**ré, **di**vide, **di**vidir, **di**vidiré.

Cataloga las palabras según su **patrón final de:**
(ré) = i**ré**, di**ré**, dividi**ré.**

Las palabras transferidas de la palabra secreta son:
dice, tiré.

Con las vocales y las consonantes: **a, a, a, c, m, r.**

Palabra secreta: **cámara**

Las palabras son:

mar	rama/arma	amará
ama	maca/cama	maraca
cara/arca	marca	**cámara**

Cataloga las palabras según su **patrón inicial de:**
(ca) = **ca**ma, **ca**ra, **cá**mara.

Cataloga las palabras según su **patrón final de:**
(ma) = ra**ma**, ca**ma**, ar**ma**,
(ara) = am**ará**, cám**ara**, c**ara.**

Las palabras transferidas de la palabra secreta son:
carta, coma, para.

Con las vocales y las consonantes: **a, a, p, s, l, m.**

Palabra secreta: **palmas**

Las palabras son:

a	sala	plasma
la/al	Alma/mala	almas/Salma
sal/las	asma/masa	**palmas**
mas	pasa/aspa	
	mapa	

Cataloga las palabras según su **patrón inicial de:**
(**pa**) = **pa**sa, **pa**lmas,
(**ma**) = **ma**s, **ma**la, **ma**pa, **ma**sa.

Cataloga las palabras según su **patrón final de:**
(**la**) = **la**, ma**la**, sa**la**,
(**ma**) = Al**ma**, as**ma**, plas**ma**, Sal**ma**.

Las palabras transferidas de la palabra secreta son:
palo, mamá, cala, cama.

Con las vocales y las consonantes: **a, a, i, m, s ,t, d.**

Palabra secreta: **amistad**

Las palabras son:

mi	asa	dama
das	tasa	mitad
mas	midas/Dimas	**amistad**
des/sed	masa/asma	

Cataloga las palabras según su **patrón inicial de:**
(da) = **da**s, **da**ma.

Cataloga las palabras según su **patrón final de:**
(ad) = mit**ad**, amist**ad**,
(asa) = **asa**, m**asa**, t**asa**.

Las palabras transferidas de la palabra secreta son:
dame, edad, basa.

Con las vocales y las consonantes: **o, o, b, g, l, s.**

Palabra secreta: **globos**

Las palabras son:

o	oso	bolso/lobos
lo	solo	logos
gol	bolo/lobo	**globos**
los/sol	sobo	

Cataloga las palabras según su **patrón inicial de:**
(bol) = **bol**o, **bol**so.

Cataloga las palabras según su **patrón final de:**
(os) = l**os**, lob**os**, log**os**, glob**os**,
(olo) = b**olo**, s**olo**.

Las palabras transferidas de la palabra secreta son:
bola, codos, polo.

 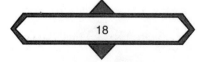

Con las vocales y las consonantes: **o, o, o, s, t, ñ.**

Palabra secreta: **otoños**

Las palabras son:

o	toso	Toño
oso	Soto	**otoños**
	soñó	

Cataloga las palabras según su **patrón inicial de:**
(o) = **o**, **o**so, **o**toños.

Cataloga las palabras según su **patrón final de:**
(oño) = T**oño**, s**oñó**,
(so) = o**so**, to**so**.

Las palabras transferidas de la palabra secreta son:
ojo, moño, coso.

Con las vocales y las consonantes: **a, o, l, b, r.**

Palabra secreta: **árbol**

Las palabras son:

a	obra/abro	labor
o	rabo/roba	**árbol**
al/la	loba/bola	
ola	ralo/oral	

Cataloga las palabras según su **patrón inicial de:**
(**a**) = **a**, **a**l, **a**bro, **á**rbol.

Cataloga las palabras según su **patrón final de:**
(**o**) = **o**, rab**o**, abr**o**, ral**o**,
(**ba**) = lo**ba**, ro**ba**.

Las palabras transferidas de la palabra secreta son:
abre, lavo, boba.

Con las vocales y las consonantes: **a, a, a, l, c, r, n.**

Palabra secreta: **alacrán**

Las palabras son:

a	rana	calan
la/al	cara/arca	aclara
cal	cana/anca	**alacrán**
ala	clara/lacra/calar	
lana/Alán		

Cataloga las palabras según su **patrón inicial de:**
(ca) = cal, **ca**na, **ca**ra, **ca**lar, **ca**lan.

Cataloga las palabras según su **patrón final de:**
(ana) = cana, **l**ana, **r**ana,
(an) = Al**án,** cal**an,** alacr**án.**

Las palabras transferidas de la palabra secreta son:
casa, plana, gran.

Con las vocales y las consonantes: **a, a, e, i, j, s, t, b.**

Palabra secreta: **abejitas**

Las palabras son:

tía	atas	bestia
así	teja/jeta	abejas
sea/esa	besa/base/sabe	bajitas
asea	batas/basta	**abejitas**
basa	bajas	

Cataloga las palabras según su **patrón inicial de:**
(abe) = **abe**ja, **abe**jitas.

Cataloga las palabras según su **patrón final de:**
(as) = baj**as,** bajit**as,** bat**as,** abej**as,** abejit**as,**
(sa) = e**sa,** ba**sa,** be**sa.**

Las palabras transferidas de la palabra secreta son:
Abel, altas, pisa.

 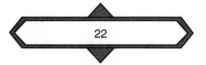

Con las vocales y las consonantes: **e, u, l, s, n.**

Palabra secreta: **lunes**

Las palabras son:

un	une	unes
es/se	nule	**lunes**
su	use	

Cataloga las palabras según su **patrón inicial de:**
(un) = **un**, **un**e, **un**es.

Cataloga las palabras según su **patrón final de:**
(es) = **es**, un**es**, lun**es**.

Las palabras transferidas de la palabra secreta son:
uno, males.

Con las vocales y las consonantes: **i, o, u, j, l.**

Palabra secreta: **julio**

Las palabras son:

o	olí/lío	**julio**
lo	lujo	

Cataloga las palabras según su **patrón inicial de:**
(li) = lío.

Cataloga las palabras según su **patrón final de:**
(io) = lí**o**, jul**io**,
(jo) = lujo**.

Las palabras transferidas de la palabra secreta son:
lindo, trío, ajo.

Con las vocales y las consonantes: **u, i, o, j, n.**

Palabra secreta: **junio**

Las palabras son:

o	oí	uno
no	un	unió
ni	uní	**junio**

Cataloga las palabras según su **patrón inicial de:**
(un) = **un, un**o, **un**í, **un**ió.

Cataloga las palabras según su **patrón final de:**
(io) = uni**ó**, jun**io**,
(ni) = **ni**, un**í.**

Las palabras transferidas de la palabra secreta son:
unir, julio, Trini.

Con las vocales y las consonantes: **e, e, e, c, m, l, n, t.**

Palabra secreta: **Clemente**

Las palabras son:

te	tele	lente
me	teme/mete	mente
el/le	meten/temen	**Clemente**

Cataloga las palabras según su **patrón inicial de:**
(me) = me, mete, **me**nte.

Cataloga las palabras según su **patrón final de:**
(te) = men**te,** len**te,**
(en) = met**en,** tem**en.**

Las palabras transferidas de la palabra secreta son:
menta, cliente, cosen.

Con las vocales y las consonantes: **e, e, e, p, s, t, r, n.**

Palabra secreta: **presente**

Las palabras son:

en	entre/retén	estrené
tren	preste	presten
tres	serené	**presente**
René	respete	

Cataloga las palabras según su **patrón inicial de:**
(**pres**) = **pres**te, **pres**ten, **pres**ente.

Cataloga las palabras según su **patrón final de:**
(**rene**) = **René**, est**rené**, se**rené**.

Las palabras transferidas de la palabra secreta son:
presa, frene.

Con las vocales y las consonantes: **a, e, t, m, s, r.**

Palabra secreta: **martes**

Las palabras son:

te	ame	mesa
me	tres	artes
mar	será	**martes**
mes	teme	
mas	tema/meta	

Cataloga las palabras según su **patrón inicial de:**
(me) = **me, me**sa, **me**ta.

Cataloga las palabras según su **patrón final de:**
(es) = **es**, m**es**, art**es,** mart**es.**

Las palabras transferidas de la palabra secreta son:
mezcla, partes, presta.

 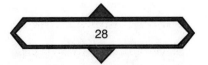

Con las vocales y las consonantes: **a, o, m, r, z.**

Palabra secreta: **marzo**

Las palabras son:

a	amo	morza
zar	mora/amor	**marzo**
mar	armo/ramo	
aro	Roma/Omar	

Cataloga las palabras según su **patrón inicial de:**
(**ma**) = **ma**r, **ma**rzo.

Cataloga las palabras según su **patrón final de:**
(**mo**) = a**mo**, ar**mo**, ra**mo**.

Las palabras transferidas de la palabra secreta son:
marco, tramo.

Con la vocal y las consonantes: **a, a, a, l, p, m, r.**

Palabra secreta: **lámpara**

Las palabras son:

par	pala	rama
mar	mala	rampa
ala	mapa	ampara
ama	para/arpa	**lámpara**

Cataloga las palabras según su **patrón inicial de:**
(ma) = **ma**r, **ma**la, **ma**pa,
(pa) = **pa**r, **pa**la, **pa**ra.

Cataloga las palabras según su **patrón final de:**
(para) = **para**, am**para**, lám**para**,
(ala) = **ala**, p**ala**, m**ala**.

Las palabras transferidas de la palabra secreta son:
masa, pasa, separa, jala, rompa.

Con las vocales y las consonantes: **a, a, a, c, l, m, r.**

Palabra secreta: **calamar**

Las palabras son:

al/la	rala	marca
mal	cara/arca	calmar
mar	rama/amar	**calamar**
cala	alma/mala	

Cataloga las palabras según su **patrón inicial de:**
(cal) = **cal**a, **cal**mar, **cal**amar.

Cataloga las palabras según su **patrón final de:**
(mar) = **mar,** a**mar**, cal**mar**, cala**mar.**

Las palabras transferidas de la palabra secreta son:
calzar, rimar, remar.

Con las vocales y las consonantes: **a, o, o, e, c, c, h, l, t.**

Palabra secreta: **chocolate**

Las palabras son:

alto	chal	choclo
lote	talco	chaleco
toca	chato	**chocolate**
ocho	lecho	
late/tela	choco	

Cataloga las palabras según su **patrón inicial de:**
(cha) = chal, **cha**to, **cha**leco.

Cataloga las palabras según su **patrón de:**
(cho) = ocho, le**cho**, **cho**co, **cho**clo, **cho**colate.

Cataloga las palabras según su **patrón final de:**
(co) = talco, cho**co**, chale**co.**

Las palabras transferidas de la palabra secreta son:
charro, pecho, flaco.

Con las vocales y las consonantes: **e, o, o, c, n, j, s.**

Palabra secreta: **conejos**

Las palabras son:

es/se	eso	José
eco	ojos	cojos
con	seco/cose	consejo
nos/son	cono	**conejos**

Cataloga las palabras según su **patrón inicial de:**
(con) = **con**, **con**o, **con**sejo, **con**ejos.

Cataloga las palabras según su **patrón final de:**
(jos) = o**jos**, co**jos**, cone**jos**.

Las palabras transferidas de la palabra secreta son:
cónsul, lejos.

Con las vocales y las consonantes: **i, o, o, d, g, m, n.**

Palabra secreta: **domingo**

Las palabras son:

ni	digo	mono
mío	mido	dominó
dio	modo/domo	**domingo**
nido		

Cataloga las palabras según su **patrón inicial de:**
(dom) = **dom**o, **dom**inó, **dom**ingo.

Cataloga las palabras según su **patrón final de:**
(do) = ni**do,** mi**do,** mo**do,**
(no) = mo**no,** domi**nó,**
(go) = di**go,** domin**go.**

Las palabras transferidas de la palabra secreta son:
domar, fondo, cono, sigo.

Con las vocales y las consonantes: **a, a, e, s, m, n.**

Palabra secreta: **semana**

Las palabras son:

me	Ana	mansa
se/es	Ema	amena
San	sana	**semana**
asa	mesa	
ama	amén	

Cataloga las palabras según su **patrón inicial de:**
(am) = **am**a, **am**én, **am**ena.

Cataloga las palabras según su **patrón final de:**
(na) = A**na**, sa**na**, ame**na**, sema**na.**

Las palabras transferidas de la palabra secreta son:
amor, cana.

Con las vocales y las consonantes: **a, a, a, l, l, d, m.**

Palabra secreta: **llamada**

Las palabras son:

a	allá	amada
da	lada	**llamada**
ala	dama	
mal	mala/alma	
ama	llama/malla	

Cataloga las palabras según su **patrón inicial de:**
(**lla**) = **lla**ma, **lla**mada.

Cataloga las palabras según su **patrón final de:**
(**ada**) = am**ada**, llam**ada**, l**ada**,
(**alla**) = **allá**, m**alla**.

Las palabras transferidas de la palabra secreta son:
llanta, callada, falla.

Con las vocales y las consonantes: **a, a, p, l, n, c, h.**

Palabra secreta: **plancha**

Las palabras son:

chal	ancla	chalán/lancha
plan	chapa	Pancha
pala	ancha	**plancha**
lana	plana/panal	

Cataloga las palabras según su **patrón inicial de:**
(plan) = **plan, plan**a, **plan**cha,
(ch) = **ch**al, **ch**apa, **ch**alán.

Cataloga las palabras según su **patrón final de:**
(cha) = an**cha,** Pan**cha,** lan**cha,** plan**cha,**
(al) = **al,** pan**al,** ch**al.**

Las palabras transferidas de la palabra secreta son:
planta, chupa, ficha, floral.

Con las vocales y las consonantes: **a, a, e, b, n, l, l, s.**

Palabra secreta: **ballenas**

Las palabras son:

San	sana	saben
allá	sella	llenas
Ana	bella	**ballenas**
ella	llana	

Cataloga las palabras según su **patrón inicial de:**
(ll) = **ll**ana, **ll**enas.

Cataloga las palabras según su **patrón final de:**
(ella) = **ella**, s**ella**, b**ella**,
(enas) = ll**enas**, ball**enas**.

Las palabras transferidas de la palabra secreta son:
llama, huella, cadena.

Con las vocales y las consonantes: **a, a, o, s, b, d.**

Palabra secreta: **sábado**

Las palabras son:

da	boda	asado
dos	soda	basado
das	basa	**sábado**
asa	dabas	

Cataloga las palabras según su **patrón inicial de:**
(da) = **da, da**s, **da**bas.

Cataloga las palabras según su **patrón de:**
(asa) = **asa,** b**asa, asa**do, b**asa**do.

Cataloga las palabras según su **patrón final de:**
(ado) = as**ado,** bas**ado,** sáb**ado,**
(oda) = b**oda,** s**oda.**

Las palabras transferidas de la palabra secreta son:
danza, tasa, pasado, moda.

Con las vocales y las consonantes: **a, a, e, g, l, l, t, s.**

Palabra secreta: **galletas**

Las palabras son:

allá	gala	llaga
gas	altas/salta	gatea
tela	llega	aletas
ella	gatas	**galletas**
	talla	

Cataloga las palabras según su **patrón inicial de:**
(ga) = gas, **ga**la, **ga**tas, **ga**tea, **ga**lletas.

Cataloga las palabras según su **patrón final de:**
(tas) = al**tas,** ga**tas,** ale**tas,** galle**tas.**

Las palabras transferidas de la palabra secreta son:
ganas, llantas.

3/09

Con las vocales y las consonantes: **a, e, o, n, n, v, t.**

Palabra secreta: **noventa**

Las palabras son:

no	ven	vena/nave
en	vota	venta
tan	nota	novena
ten	nevó	**noventa**

Cataloga las palabras según su **patrón inicial de:**
(ven) = **ven**, **ven**a, **ven**ta.

Cataloga las palabras según su **patrón final de:**
(ta) = vo**ta**, no**ta**, ven**ta**, noven**ta**.

Las palabras transferidas de la palabra secreta son:
vengo, menta.

Con las vocales y las consonantes: **a, o, o, g, t, s.**

Palabra secreta: **agosto**

Las palabras son:

a	oso	gasto
tos	tosa	**agosto**
gas	tose	
osa	soga	
	gota/gato	

Cataloga las palabras según su **patrón inicial de:**
(ga) = **ga**s, **ga**to, **ga**sto.

Cataloga las palabras según su **patrón final de:**
(sto) = ga**sto**, ago**sto**,
(osa) = **osa**, t**osa.**

Las palabras transferidas de la palabra secreta son:
ganso, gusto, cosa.

Con las vocales y las consonantes: **a, e, o, g, l, r, s.**

Palabra secreta: **regalos**

Las palabras son:

la	ralo/oral	logran
las	laso/losa	salero
les	soga	reglas
los	lagos	**regalos**
sola		

Cataloga las letras según su **patrón inicial de:**
(la) = la, las, **la**so, **la**gos.

Cataloga las palabras según su **patrón final de:**
(os) = l**os,** lag**os,** regal**os.**

Las palabras transferidas de la palabra secreta son:
largo, lejos.

Con las vocales y las consonantes: **a, a, a, i, m, n, ñ, t, s.**

La palabra secreta: **mañanitas**

Las palabras son:

tía	atina	manía
tina	ansia	sanita
tiña	Anita	mañana
niña	mansa	manitas
nata	anima	**mañanitas**

Cataloga las palabra según su **patrón inicial de:**
(man) = **man**sa, **man**ía, **man**itas.

Cataloga las palabras de **la consonante:**
(ñ) = ti**ñ**a, ni**ñ**a, ma**ñ**ana, ma**ñ**anitas.

Cataloga las palabras según su **patrón final de:**
(ia) = t**ía**, ans**ia**, man**ía**.

Las palabras transferidas de la palabra secreta son:
manteca, riña, tenía.

Con las vocales y las consonantes: **a, e, o, v, n, d, s.**

Palabra secreta: **venados**

Las palabras son:

das	soda	vendo
vas	vaso	vendas
den	ande	**venados**
ven	vano	
son/nos	venas	

Cataloga las palabras según su **patrón inicial de:**
(ven) = **ven, ven**as, **ven**do, **ven**das, **ven**ados.

Cataloga las palabras según su **patrón final de:**
(as) = d**as**, v**as**, ven**as,** vend**as.**

Las palabras transferidas de la palabra secreta son:
vender, ventas.

Con las vocales y consonantes: **a, a, i, d, d, n, v.**

Palabra secreta: **Navidad**

Las palabras son:

di	nada	dádiva
vi	vana	vanidad
da	David	**Navidad**
vía	invada	
vida		
dada		

Cataloga las palabras según su **patrón inicial de: (na)** = **na**da, **Na**vidad.

Cataloga las palabras según su **patrón final de: (ada)** = n**ada**, d**ada**, inv**ada.**

Las palabras transferidas de la palabra secreta son: **nariz, espada.**

Con las vocales y las consonantes: **a, a, e, m, s, t, r.**

Palabra secreta: **maestra**

Las palabras son:

mas	Sara	amasé
mes	tema/meta	marea
esta	asma/masa	tareas
asea	resta/estar	**maestra**
amar	trama/Marta	

Cataloga las palabras según su **patrón inicial de:**
(ma) = **ma**s, **ma**sa, **Ma**rta, **ma**rea, **ma**estra.

Cataloga las palabras según su **patrón de:**
(ama) = **ama**r, tr**ama**, **ama**sé

Cataloga las palabras según su **patrón final de:**
(ta) = me**ta**, es**ta**, res**ta**, Mar**ta**.

Las palabras transferidas de la palabra secreta son:
maceta, amarra, presta.

Con las vocales y las consonantes: **e, e, o, f, r, b, r.**

Palabra secreta: **febrero**

Las palabras son:

o	erró	obré
fe	erré	**febrero**
feo	robé	
reo	berro	

Cataloga las palabras según su **patrón inicial de:**
(fe) = **fe**, **fe**o, **fe**brero.

Cataloga las palabras según su **patrón final de:**
(eo) = r**eo**, f**eo**,
(erro) = **erró**, b**erro**.

Las palabras transferidas de la palabra secreta son:
feroz, veo, cerro.

Con la vocal y las consonantes: **a, a, a, a, t, r, p, d.**

Palabra secreta: **atrapada**

Las palabras son:

da	dará	tapada/patada
par	parda	parada
pata/tapa	atada	**atrapada**
para/arpa	parta/tapar	

Cataloga las palabras según su **patrón inicial de:**
(**par**) = **par**, **par**a, **par**da, **par**ta, **par**ada.

Cataloga las palabras según su **patrón final de:**
(**ada**) = at**ada**, par**ada**, pat**ada**, tap**ada**, atrap**ada**,
(**ara**) = d**ará**, p**ara**,
(**ta**) = pa**ta**, par**ta**.

Las palabras transferidas de la palabra secreta son:
parte, cada, cara, gata.

Con las vocales y las consonantes: **a, a, e, b, n, d, r.**

Palabra secreta: **bandera**

Las palabras son:

dar	ande	deban
dan	arde/daré	banda
den	abre/brea	Andrea
eran	andar/darán	**bandera**
rana	barda	

Cataloga las palabras según su **patrón inicial de:**
(ba) = **ba**rda, **ba**nda, **ba**ndera,
(and) = **and**e, **and**ar, **And**rea.

Cataloga las palabras según su **patrón de:**
(dar) = **dar,** an**dar**, **dar**án.

Cataloga las palabras según su **patrón final de:**
(de) = ar**de,** an**de,**
(rea) = b**rea,** And**rea.**

Las palabras transferidas de la palabra secreta son:
barco, Andrés, mandar, verde, tarea.

Con las vocales y las consonantes: **a, a, u, b, s, c, l.**

Palabra secreta: **báscula**

Las palabras son:

cal	cala	balsa
usa	aula	basca
aún	Cuba	**báscula**
basa	suba	
bala	saca/casa	

Cataloga las palabras según su **patrón inicial de:**
(bas) = **bas**a, **bas**ca, **bás**cula.

Cataloga las palabras según su **patrón final de:**
(sa) = u**sa**, ba**sa**, bal**sa**,
(la) = ba**la**, ca**la**, au**la**, báscu**la.**

Las palabras transferidas de la palabra secreta son:
basta, Elisa, escuela.

Con la vocal y las consonantes: **e, e, e, m, r, c, d, s.**

Palabra secreta: **Mercedes**

Las palabras son:

de	cree	redes
me	mece	cedes
mes	seré	merece
ser/res	deme	merced
des/sed	crece	**Mercedes**

Cataloga las palabras según su **patrón inicial de:**
(mer) = **mer**ece, **mer**ced, **Mer**cedes.

Cataloga las palabras según su **patrón final de:**
(des) = **des**, ce**des**, re**des**, Merce**des**,
(ece) = m**ece**, cr**ece**, mer**ece**.

Las palabras transferidas de la palabra secreta son:
merendar, puedes, trece.

Con las vocales y las consonantes: **a, e, e, e, l, s, t, f, n.**

Palabra secreta: **elefantes**

Las palabras son:

en	esta	Estela
el/le	ante	Selena
es/se	flete	Estefané
sal/las	antes/están	**elefantes**
tela/late	Elena	
	lentes	

Cataloga las palabras según su **patrón inicial de:**
(el) = **El**ena, **el**efantes.

Cataloga las palabras según su **patrón final de:**
(tes) = an**tes**, len**tes**, elefan**tes**,
(na) = Ele**na**, Sele**na**.

Las palabras transferidas de la palabra secreta son:
elegante, cantes, pena, filetes.

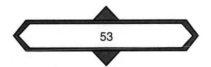

Con las vocales y las consonantes: **a, o, o, c, n, z, r.**

Palabra secreta: **corazón**

Las palabras son:

oro	coro	corona
con	roza	cazón
cazo	onza/zona	razón
roca/arco	ronca	**corazón**

Cataloga las palabras según su **patrón inicial de:**
(cor) = **cor**o, **cor**ona, **cor**azón.

Cataloga las palabras según su **patrón final de:**
(zón) = ra**zón**, ca**zón**, cora**zón**,
(za) = ro**za**, on**za**.

Las palabras transferidas de la palabra secreta son:
corta, tizón, tiza.

Con las vocales y las consonantes: **a, e, o, v, r, n.**

Palabra secreta: **verano**

Las palabras son:

ser	ven	vena
ver	van	verán/nevar
era	ave	**verano**
aro	vano	
veo	eran	

Cataloga las palabras según su **patrón inicial de:**
(ver) = ver, verán, **ver**ano.

Cataloga las palabras según su **patrón final de:**
(an) = van, ver**án,** er**an.**

Las palabras transferidas de la palabra secreta son:
verso, roban.

Con las vocales y las consonantes: **a, a, e, p, t, l, n, s.**

Palabra secreta: **planetas**

Las palabras son:

late	lanas	planea
plan	penas	plantas
telas	lentas	paletas
	planas	**planetas**

Cataloga las palabras según su **patrón inicial de:**
(plan) = plan, plana, **plan**ea, **plan**tas, **plan**etas.

Cataloga las palabras según su **patrón final de:**
(nas) = lanas, **pe**nas, **pla**nas.

Las palabras transferidas de la palabra secreta son:
plancha, tunas.

Con la vocal y las consonantes: **a, a, a, s, c, s, n, t**

Palabra secreta: **canastas**

Las palabras son:

tan	casa/saca	cantas
asa	atas/tasa	castas
San	nata/atan	**canastas**
Ana	canas/ancas	
sana	cansa/sacan	

Cataloga las palabras según su **patrón inicial de:**
(can) = **can**as, **can**sa, **can**tas, **can**astas
(sa) = **sa**na, **sa**ca, **sa**can.

Cataloga las palabras según su **patrón final de:**
(asa) = **asa**, c**asa**, t**asa**,
(an) = S**an**, t**an**, at**an**, sac**an**.

Las palabras transferidas de la palabra secreta son:
cantar, sane, pasa, clan.

Con las vocales y las consonantes: **a, a, i, o, c, n, r, s.**

Palabra secreta: **canarios**

Las palabras son:

sin	crías	roncar
San	ranas/sanar	canosa
Ana	sonar	**canarios**
ríos	caras/rasca	
sana	canas/sacan	

Cataloga las palabras según su **patrón inicial de:**
(can) = **can**, **can**as, **can**osa, **can**arios.

Cataloga las palabras según su **patrón de:**
(ana) = **Ana,** s**ana**, c**ana**s, r**ana**s, s**ana**r, c**ana**rios.

Cataloga las palabras según su **patrón final de:**
(nas) = ca**nas,** ra**nas.**

Las palabras transferidas de la palabra secreta son:
canta, lana, penas.

Con la vocal y las consonantes: **a, a, a, f, m, t, s, n.**

Palabra secreta: **fantasma**

Las palabras son:

mas	tasa	mantas
San	fama	**fantasma**
ama	asma/masa	
afán	mansa	

Cataloga las palabras según su **patrón inicial de:**
(ma) = mas, **ma**sa, **ma**nsa, **ma**ntas.

Cataloga las palabras según su **patrón final de:**
(ma) = a**ma,** fa**ma,** as**ma,** fantas**ma,**
(sa) = ta**sa,** ma**sa,** man**sa.**

Las palabras transferidas de la palabra secreta son:
marca, calma, falsa.

 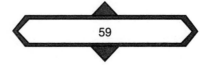

Con las vocales y las consonantes: **a, a, a, r, r, n, b, c.**

Palabra secreta: **barranca**

Las palabras son:

acá	barra	barrar
Ana	acaba	barraca
rana	nácar	arranca
cara/arca	banca	**barranca**
cana/anca	barca/cabra	
rara		

Cataloga las palabras según su **patrón inicial de:**
(barra) = barra, barrar, **barra**ca, **barra**nca.

Cataloga las palabras según su **patrón final de:**
(anca) = b**anca**, arr**anca**, barr**anca**,
(ra) = ca**ra**, ra**ra**, cab**ra**.

Las palabras transferidas de la palabra secreta son:
barranco, blanca, palabra.

Con la vocal y las consonantes: **a, a, a, m, c, h, r, r.**

Palabra secreta: **chamarra**

Las palabras son:

mar	racha	cámara
rara/arar	marca	**chamarra**
arca/cara	marcha	
amar/rama	amarra	

Cataloga las palabras según su **patrón inicial de:**
(mar) = mar, marca, **mar**cha.

Cataloga las palabras según su **patrón de:**
(ara) = c**ara, ara**r, r**ara,** cám**ara.**

Cataloga las palabras según su **patrón de:**
(ama) = ama, r**ama,** cá**ma**ra, **ama**rra, ch**ama**rra.

Cataloga las palabras según su **patrón final de:**
(arra) = am**arra,** cham**arra,**
(cha) = ra**cha,** mar**cha.**

Las palabras transferidas de la palabra secreta son:
maroma, para, drama, jarra, mancha.

Con las vocales y las consonantes: **e, i, o, p, r, c, s.**

Palabra secreta: **pericos**

Las palabras son:

ríe	rico	recio/rocié
ser	piso	precio
eso	seco/cose	**pericos**
ríos	peso/pose	
pico	pesco	

Cataloga las palabras según su **patrón inicial de:**
(pe) = **pe**so, **pe**sco, **pe**ricos.

Cataloga las palabras según su **patrón final de:**
(cio) = re**cio**, pre**cio**,
(co) = pi**co**, ri**co**, se**co**, pes**co**.

Las palabras transferidas de la palabra secreta son:
peras, Rocío, corre, fresco.

Con las vocales y las consonantes: **a, o, u, t, t, r, g, s.**

Palabra secreta: **tortugas**

Las palabras son:

su	gato/gota	surto
tu	gusta	tortas/trotas
gas	surta	tarugo
ruta	gasto	orugas
tosa	gotas/gasto	**tortugas**

Cataloga las palabras según su **patrón inicial de:**
(to) = **to**sa, **to**rtas, **to**rtugas.

Cataloga las palabras según su **patrón de:**
(gas) = **gas**, **gas**to, oru**gas**, tortu**gas**.

Cataloga las palabras según su **patrón final de:**
(tas) = go**tas**, tor**tas**, tro**tas**.

Las palabras transferidas de la palabra secreta son:
tomas, fugas, flotas.

Con las vocales y las consonantes: **e, i, o, u, h, v, t, s.**

Palabra secreta: **huevitos**

Las palabras son:

tu	vote	evito
ve	tose	hueso
vos	visto	huesito
esto	viste	**huevitos**

Cataloga las palabras según su **patrón inicial de:**
(hue) = **hue**so, **hue**sito, **hue**vitos.

Cataloga las palabras según su **patrón final de:**
(te) = vo**te**, vis**te**,
(to) = es**to**, vis**to**, evi**to**, huesi**to.**

Las palabras transferidas de la palabra secreta son:
huerta, vete, gesto, hueco.

Con las vocales y las consonantes: **a, a, e, i, p, m, r, v, r.**

Palabra secreta: **primavera**

Las palabras son:

ver	rara	repara
mar	pera/pare	primera
ama	privar	**primavera**
para/arpa	prima	
rama/arma	María	
rima/mira	previa	

Cataloga las palabras según su **patrón inicial de:**
(prim) = **prim**a, **prim**era, **prim**avera.

Cataloga las palabras según su **patrón final de:**
(ara) = r**ara**, p**ara**, rep**ara**,
(ma) = a**ma**, ra**ma**, ri**ma**, pri**ma**.

Las palabras transferidas de la palabra secreta son:
primor, ampara, reclama.

Con las vocales y las consonantes: **i, e, e, r, v, s, n.**

Palabra secreta: **viernes**

Las palabras son:

vi	ven	ríes
ve	vine	eres
en	sien	sirve
ver	seré	nieves/vienes
res/ser	veré	**viernes**

Cataloga las palabras según su **patrón inicial de:**
(vi) = **vi, vi**ne, **vi**ernes.

Cataloga las palabras según su **patrón final de:**
(er) = v**er,** s**er.**

Las palabras transferidas de la palabra secreta son:
vino, mover, versión.

Con las vocales y las consonantes: **a, a, o, c, m, r, n.**

Palabra secreta: **camarón**

Las palabras son:

mar	roca/caro	aroma
ama	rama/arma/amar	monarca
arca	Roma/amor	**camarón**
Arón	ronca	
coma	marca	
cama		

Cataloga las palabras según su **patrón inicial de:**
(**ar**) = **ar**ca, **ar**ma, **ar**oma, **Ar**ón.

Cataloga las palabras según su **patrón de:**
(**mar**) = **mar,** a**mar,** **mar**ca, ca**mar**ón.

Cataloga las palabras según su **patrón final de:**
(**ma**) = a**ma,** co**ma,** ca**ma,** ar**ma,** ra**ma,** aro**ma,**
(**ca**) = ar**ca,** mar**ca,** ron**ca,** ro**ca,** monar**ca.**

Las palabras transferidas de la palabra secreta son:
arde, calmar, fama, bronca.

Con las vocales y las consonantes: **o, u, e, t, c, r, b.**

Palabra secreta: **octubre**

Las palabras son:

te	buró	cuero
tu	bote/Beto	cobre
reto	bruto	cubre
obré	corté	**octubre**
tubo		

Cataloga las palabras según su **patrón inicial de:**
(tu) = tu, tubo.

Cataloga las palabras según su **patrón final de:**
(bre) = o**bré,** co**bre,** cu**bre,** octu**bre.**

Las palabras transferidas de la palabra secreto son:
tuvo, abre.

Con las vocales y las consonantes: **a, i, o, h, r, g, s, m.**

Palabra secreta: **hormigas**

Las palabras son:

mi	rima	higos
gas	horma	horas
miro	migra	amigos
aros	miras/rimas	**hormigas**
mora	magos/gomas	

Cataloga las palabras según su **patrón inicial de:**
(mi) = mi, miro, **mi**ras, **mi**gra.

Cataloga las palabras según su **patrón final de:**
(gos) = hi**gos,** ma**gos,** ami**gos,**
(as) = g**as,** mir**as,** rim**as,** hor**as.**

Las palabras transferidas de la palabra secreta son:
mitad, amargos, pagas, migraña.

Con las vocales y las consonantes: **a, e, e, t, s, r, l, l.**

Palabra secreta: **estrella**

Las palabras son:

res	talle	estaré
tres	esta	sellaré
ella	sella	estallé
trae	taller	**estrella**
este	reste	

Cataloga las palabras según su **patrón inicial de:**
(est) = este, **est**a, **est**aré, **est**allé, **est**rella.

Cataloga las palabras según su **patrón de:**
(ella) = ella, sella, s**ella**ré, estr**ella,**
(talle) = talle, taller, es**tallé.**

Cataloga las palabras según su **patrón final de:**
(ste) = este, re**ste.**

Las palabras transferidas de la palabra secreta son:
estrena, paella, falle, triste.

Con las vocales y las consonantes: **e, e, i, i, d, r, m, b, c.**

Palabra secreta: **diciembre**

Las palabras son:

di	mide/dime	deber
me	debe	recibe
ríe	mece	decirme
red	medir	**diciembre**
dice		

Cataloga las palabras según su **patrón inicial de:**
(de) = **de**be, **de**ber, **de**cirme.

Cataloga las palabras según su **patrón final de:**
(me) = **me,** di**me,** decir**me.**

Las palabras transferidas de la palabra secreta son:
decía, darme.

Con las vocales y las consonantes: **a, a, a, u, r, c, c, c, h.**

Palabra secreta: **cucaracha**

Las palabras son:

cura	achaca	carcacha
arca/cara	chacra/cachar	**cucaracha**
racha	cuchara	
	cachaca	

Cataloga las palabras según su **patrón inicial de:**
(car) = **car**a, **car**cacha.

Cataloga las palabras según su **patrón final de:**
(cha) = ra**cha**, carca**cha**, cucara**cha**,
(ara) = c**ara**, cuch**ara.**

Las palabras transferidas de la palabra secreta son:
cárcel, torcha, rara.

Con las vocales y las consonantes: **e, e, e, i, s, r, p, m, b, t.**

Palabra secreta: **septiembre**

Las palabras son:

iré	mire	esmeré
pie	teme/mete	siempre
ese	siete	siembre
este	timbre	**septiembre**

Cataloga las palabras según su **patrón inicial de:**
(es) = **es**e, **es**te, **es**meré,
(sie) = **sie**te, **sie**mpre, **sie**mbre.

Cataloga las palabras según su **patrón final de:**
(bre) = tim**bre**, siem**bre**, septiem**bre**,
(te) = es**te**, me**te**, sie**te**.

Las palabras transferidas de la palabra secreta son:
esta, siente, fiebre, veinte.

Con las vocales y las consonantes: **e, e, i, o, n, m, b, r, v.**

Palabra secreta: **noviembre**

Las palabras son:

ver	venir	mover
veo	veré	nombre
ven	breve	**noviembre**
vino	miren	
vine	viene/envié	

Cataloga las palabras según su **patrón inicial de:**
(ven) = ven, venir.

Cataloga las palabras según su **patrón final de:**
(ver) = ver, mo**ver,**
(mbre) = no**mbre,** novie**mbre.**

Las palabras transferidas de la palabra secreta son:
vente, llover, hombre.

Con las vocales y las consonantes: **a, e, i, i, f, l, c, d, d.**

Palabra secreta: **felicidad**

Las palabras son:

fía	dale	calidad
día	dice	edifica
fiel	ceda	delicia
fila	edad	Felicia
dilo	dedica/decida	**felicidad**

Cataloga las palabras según su **patrón inicial de:**
(fi) = fía, **fi**el, **fi**la.

Cataloga las palabras según su **patrón final de:**
(dad) = e**dad,** cali**dad,** felici**dad,**
(cia) = deli**cia,** Feli**cia.**

Las palabras transferidas de la palabra secreta son:
fina, ciudad, Alicia.

Con las vocales y las consonantes: **a, a, e, o, c, m, l, r.**

Palabra secreta: **caramelo**

Las palabras son:

mal	claro	alarme
mar	armo/ramo	Carmelo
celo	marco	**caramelo**
malo	calma	
	colma	

Cataloga las palabras según su **patrón inicial de:**
(ma) = **ma**l, **ma**r, **ma**lo, **ma**rco.

Cataloga las palabras según su **patrón final de:**
(elo) = c**elo,** Carm**elo,** caram**elo,**
(ma) = ca**ma,** col**ma.**

Las palabras transferidas de la palabra secreta son:
manzana, pelo, coma, melón, malecón, pomelo.

Con las vocales y las consonantes: **a, e, o, b, l, r, s.**

Palabra secreta: **árboles**

Las palabras son:

les	rabo/obra/roba	labores
olas	labor	saberlo
bola/loba	sabor/sobar	**árboles**
sabe/base	árbol	

Cataloga las palabras según su **patrón inicial de:**
(sab) = **sab**e, **sab**or, **sab**erlo.

Cataloga las palabras según su **patrón final de:**
(oba) = r**oba**, l**oba**,
(es) = l**es**, labor**es**, árbol**es**.

Las palabras transferidas de la palabra secreta son:
saben, escoba, sudes.

Con las vocales y las consonantes: **a, a, i, u, g, l, s.**

Palabra secreta: **águilas**

Las palabras son:

gas	liga/ágil	salga
las/sal	sala/alas	aguas
usa	gala/alga	**águilas**
isla	ilusa/Luisa	
siga	guías/guisa	

Cataloga las palabras según su **patrón inicial de:**
(**agu**) = **agu**as, **águ**ilas,
(**gui**) = **gui**sa, **guí**as.

Cataloga las palabras según su **patrón final de:**
(**sa**) = ilu**sa**, gui**sa**, Lui**sa**,
(**ga**) = li**ga**, al**ga**, si**ga**, sal**ga.**

Las palabras transferidas de la palabra secreta son:
aguja, guinda, pasa, paga.

Con las vocales y las consonantes: **a, a, e, p, n, t, r.**

Palabra secreta: **pantera**

Las palabras son:

te	pata/tapa	trepa/Petra
tan	nata/atan	tapan/patán
par	para/arpa	aparte
tren	ante/neta	aparten
pena	pera/pare	**pantera**
	parten	

Cataloga las palabras según su **patrón inicial de:**
(par) = **par**, **par**a, **par**e, **par**ten.

Cataloga las palabras según su **patrón de:**
(ata) = p**ata**, n**ata**, **ata**n, p**atá**n.

Cataloga las palabras según su **patrón final de:**
(an) = at**an**, tap**an**, pat**án**,
(en) = tr**en**, part**en**.

Las palabras transferidas de la palabra secreta son:
parda, plata, pintan, estén.

Con las vocales y las consonantes: **a, a, e, i, l, n, m, s.**

Palabra secreta: **animales**

Las palabras son:

sin	mías	línea
les	minas	amena
mil	almas	animas
mal	miles	lámina
anís	limas	**animales**

Cataloga las palabras según su **patrón inicial de:**
(ani) = an**í**s, **ani**mas, **ani**males,
(mi) = **mi**l, **mí**as, **mi**nas, **mi**les.

Cataloga las palabras según su **patrón final de:**
(mas) = li**mas**, al**mas**, ani**mas**,
(les) = **les**, mi**les**, anima**les**.

Las palabras transferidas de la palabra secreta son:
Anita, millas, tomas, mueles.

Con las vocales y las consonantes: **a, a, i, e, m, s, t, d, s.**

Palabra secreta: **amistades**

Las palabras son:

esta	desata	además
diste	asaste	mitades
dame	damita/admita	**amistades**
meta/tema	semita/mesita	
mides	desiste	

Cataloga las palabras según su **patrón inicial de:**
(des) = **des**ata, **des**iste.

Cataloga las palabras según su **patrón final de:**
(des) = mi**des**, mita**des**, amista**des**,
(ta) = es**ta**, me**ta**, dami**ta**, desa**ta**, semi**ta**, mesi**ta**.

Las palabras transferidas de la palabra secreta son:
destapa, tardes, tinta.

 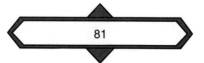

Con las vocales y consonantes: **e, i, o, u, n, f, r, m.**

Palabra secreta: **uniforme**

Las palabras son:

fui	unir	forme
miro	fino	número
unió	fume	informe
muro	firme	**uniforme**
irme/mire	menor	

Cataloga las palabras según su **patrón inicial de:** **(uni)** = **uni**ó, **un**ir, **uni**forme.

Cataloga las palabras según su **patrón final de:** **(orme)** = f**orme**, inf**orme**, unif**orme.**

Las palabras transferidas de la palabra secreta son: **único, enorme.**

Con las vocales y las consonantes: **a, a, e, m, l, s, t.**

Palabra secreta: **tamales**

Las palabras son:

mes	meta/tema	maleta
lata/alta	masa/asma	amasé
tela/late	salta/altas	metales
alas/sala	males	**tamales**
mala/alma		

Cataloga las palabras según su **patrón inicial de:**
(mal) = **mal**a, **mal**es, **mal**eta,
(me) = **me**s, **me**ta, **me**tales.

Cataloga las palabras según su **patrón final de:**
(les) = ma**les**, meta**les**, tama**les**,
(ta) = la**ta**, al**ta**, me**ta**, sal**ta**, male**ta**.

Las palabras transferidas de la palabra secreta son:
malva, menta, vales, paleta.

 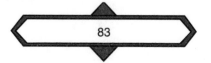

Con las vocales y las consonantes: **a, e, o, f, m, l, n, c.**

Palabra secreta: **flamenco**

Las palabras son:

fea	flan	flaco
mal	cena	manco
eco	amen	comal/calmo
amo	come	ameno
cola	malo/loma	**flamenco**

Cataloga las palabras según su **patrón inicial de:**
(co) = **co**la, **co**me, **co**mal.

Cataloga las palabras según su **patrón final de:**
(co) = e**co**, fla**co**, man**co**, flamen**co**.

Las palabras transferidas de la palabra secreta son:
consta, banco.

Con las vocales y las consonantes: **a, i, o, u, t, n, r, g, l.**

Palabra secreta: **triángulo**

Las palabras son:

gira	lugar	largo/logra
nulo	galón	traigo
lago	agota	ingrato
trigo/grito		ángulo
grato/trago		**triángulo**

Cataloga las palabras según su **patrón inicial de:**
(tr) = **tr**igo, **tr**ago, **tr**aigo, **tr**iángulo.

Cataloga las palabras según su **patrón final de:**
(lo) = nu**lo**, ángu**lo**, triángu**lo**,
(go) = la**go**, tri**go**, tra**go**, lar**go**, trai**go**.

Las palabras transferidas de la palabra secreta son:
treinta, mulo, tengo.

Con las vocales y las consonantes: **a, i, o, g, n, s, t, s.**

Palabra secreta: **gansitos**

Las palabras son:

tío	ganso	tangos
tan	sigan	santos
siga	gotas	gastos
gato	atino	**gansitos**
soga	oigan	
gano	tosan	

Cataloga las palabras según su **patrón inicial de:**
(si) = **si**ga, **si**gan,
(ga) = **ga**to, **ga**stos, **ga**nsitos.

Cataloga las palabras según su **patrón final de:**
(os) = tang**os,** gast**os,** gansit**os,**
(an) = t**an,** sig**an,** tos**an.**

Las palabras transferidas de la palabra secreta son:
sitio, galán, ratos, gustan.

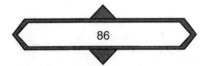

Con las vocales y las consonantes: **a, a, i, i, u, l, m, n, r.**

Palabra secreta: **luminaria**

Las palabras son:

mar	rama	lámina
una	alma	animar/Marina
unir	lunar	alumna
rima	limar	iluminar
luna	anula	**luminaria**

Cataloga las palabras según su **patrón inicial de:**
(lu) = **lu**na, **lu**nar, **lu**minaria.

Cataloga las palabras según su **patrón final de:**
(na) = u**na**, lu**na**, lámi**na**, alum**na**, ilumi**na.**

Las palabras transferidas de la palabra secreta son:
Lucía, opina, alumno.

Con las vocales y las consonantes: **a, a, i, o, m, s, r, p.**

Palabra secreta: **mariposa**

Las palabras son:

par	piso	prima
mar	ropa	aprisa
mas	sopa	Marisa
rías	pasa/aspa	**mariposa**
sapo	María	
mira/rima	ramos/moras	

Cataloga las palabras según su **patrón inicial de: (mar)** = **mar, Mar**isa, **Mar**ía, **mar**iposa.

Cataloga las palabras según su **patrón final de: (pa)** = ro**pa**, so**pa**, as**pa.**

Las palabras transferidas de la palabra secreta son: **marca, copa.**

 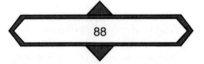

Con las vocales y las consonantes: **a, a, a, e, l, c, n, r, s.**

Palabra secreta: **alacranes**

Las palabras son:

cal	rana	nácar
cala	sana	canela
lana	lacra/clara	sacarán
cana	serán/nacer	**alacranes**
casa/saca	cansa/sacan	
alas/sala		

Cataloga las palabras según su **patrón inicial de:**
(ca) = **ca**l, **ca**sa, **ca**la, **ca**nsa, **ca**nela.

Cataloga las palabras según su **patrón final de:**
(ana) = s**ana**, l**ana**, r**ana**, c**ana**,
(an) = sac**an**, ser**án**, sacar**án.**

Las palabras transferidas de la palabra secreta son:
calzar, gana, flan.

Con las vocales y las consonantes: **i, e, e, d, l, f, n, s.**

Palabra secreta: **delfines**

Las palabras son:

fin	Inés	Fidel
del	inflé	desfile
den	diles	desinfle
fiel	fines	**delfines**

Cataloga las palabras según su **patrón inicial de:**
(de) = **de**l, **de**n, **de**sfile, **de**lfines, **de**sinfle.

Cataloga las palabras según su **patrón final de:**
(nes) = In**és,** fi**nes,** delfi**nes.**

Las palabras transferidas de la palabra secreta son:
desea, cines.

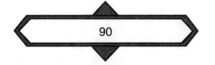

Con las vocales y las consonantes: **i, e, o, u, n, v, s, r.**

Palabra secreta: **universo**

Las palabras son:

vine	verso	siervo
unió	sirve	vernos
venir	soné	unirse
serví	nuevo	**universo**
sirvo	envió	

Cataloga las palabras según su **patrón inicial de:**
(uni) = **uni**ó, **uni**rse, **uni**verso.

Cataloga las palabras según su **patrón de:**
(ver) = **ver**so **ver**nos, uni**ver**so.

Cataloga las palabras según su **patrón final de:**
(vo) = sir**vo**, nue**vo**, sier**vo.**

Las palabras transferidas de la palabra secreta son:
unidos, llover, cuervo, muevo.

 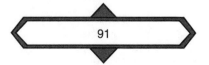

Con las vocales y las consonantes: **a, i, o, o, f ,r, l, t, s.**

Palabra secreta: **farolitos**

Las palabras son:

sofá	falso	farol	latoso
ríos	fotos	litros	solita
tíos	frito	flotar	filtros
listo	frías	rotos/toros	**farolitos**
fríos			

Cataloga las palabras según su **patrón inicial de:**
(fri) = **frí**os, **fri**to, **frí**as,
(fa) = **fa**lso, **fa**rol, **fa**rolitos.

Cataloga las palabras según su **patrón final de:**
(íos) = r**íos**, fr**íos**, t**íos**,
(tos) = fo**tos**, ro**tos**.

Las palabras transferidas de la palabra secreta son:
fritura, fácil, líos, patos.

Con las vocales y las consonantes: **a, e, o, r, r, t, t, s.**

Palabra secreta: **retratos**

Las palabras son:

traer	toser	tostar
estar	Ester	tratos
ratos	rastro	rateros
retos	traste	retraso
atore	torera	**retratos**

Cataloga las palabras según su **patrón inicial de:**
(ret) = retos, **ret**raso, **ret**ratos.

Cataloga las palabras según su **patrón de:**
(tra) = traer, **tra**ste, **tra**tos, re**tra**so, re**tra**tos.

Cataloga las palabras según su **patrón final de:**
(er) = tra**er,** tos**er,** Est**er.**

Las palabras transferidas de la palabra secreta son:
retorna, entrar, poner.

Con las vocales y las consonantes: **a, a, a, i, o, z, n, h, r.**

Palabra secreta: **zanahoria**

Las palabras son:

haz	hora	ahora
hoz	hará	honra
raza/azar	orea	harina
	noria	**zanahoria**
	haría	

Cataloga las palabras según su **patrón inicial de:**
(ho) = **ho**z, **ho**ra, **ho**nra,
(ha) = **ha**z, **ha**rá, **ha**ría.

Cataloga las palabras según su **patrón final de:**
(ra) = ho**ra**, ha**rá**, aho**ra**, hon**ra**.

Las palabras transferidas de la palabra secreta son:
hongo, hazaña, añora.

Con las vocales y las consonantes: **i, e, e, o, m, s, l, r, c.**

Palabra secreta: **miércoles**

Las palabras son:

mes	arco	ileso
eso	misa	celos
miro	cima	receso
leer	come	rieles
miel		colmes
		miércoles

Cataloga las palabras según su **patrón inicial de:**
(mi) = **mi**, **mi**el, **mi**ro, **mi**sa, **mi**ércoles.

Cataloga las palabras según su **patrón final de:**
(eso) = **eso**, il**eso**, rec**eso**.

Las palabras transferidas de la palabra secreta son:
miedo, preso.

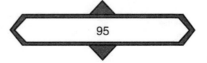

Con las vocales y las consonantes: **a, a, e, p, n, t, r, s.**

Palabra secreta: **panteras**

Las palabras son:

orea	tersa/resta	pasea
apea	pasta/tapas	áspera
asea	antes/están	espanta
tarea	pasan	sarape
entra	pesan/sepan	**panteras**

Cataloga las palabras según su **patrón inicial de:**
(pas) = **pas**ta, **pas**an, **pas**ea.

Cataloga las palabras según su **patrón de:**
(pan) = se**pan,** es**pan**ta, **pan**teras.

Cataloga las palabras según su **patrón final de:**
(ea) = or**ea,** ap**ea,** as**ea,** tar**ea,** pas**ea.**

Las palabras transferidas de la palabra secreta son:
tropas, arropan, marea.

Con las vocales y las consonantes: **a, e, o, r, s, n, t.**

Palabra secreta: **ratones**

Las palabras son:

reto	rento	notas
tose	rotas	rentas/entras
será	resta/tersa	atores
sano	santo	**ratones**
note	sentar	

Cataloga las palabras según su **patrón inicial de:**
(**san**) = **san**o, **san**to,
(**re**) = **re**to, **re**sta, **re**ntas.

Cataloga las palabras según su **patrón final de:**
(**tas**) = no**tas**, ro**tas**, ren**tas**,
(**to**) = re**to**, ren**to**, san**to**.

Las palabras transferidas de la palabra secreta son:
sanar, rezo, flotas, corto.

 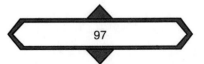

Con las vocales y las consonantes: **a, e, i, o, g, n, l, t.**

Palabra secreta: **angelito**

Las palabras son:

alto	nieto	látigo
ante	atine	latino
liga/ágil	genio	gitano
lago/algo	niega	aliento
lento/telón	agote/gotea	**angelito**

Cataloga las palabras según su **patrón inicial de:**
(la) = **la**go, **lá**tigo, **la**tino.

Cataloga las palabras según su **patrón final de:**
(to) = nie**to**, len**to**, alien**to**, angeli**to.**

Las palabras transferidas de la palabra secreta son:
labio, miento.

 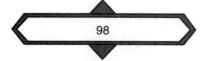

Con las vocales y las consonantes: **e, i, u, o, t, b, r, n, s.**

Palabra secreta: **tiburones**

Las palabras son:

sin	tiros	subió
res	notes	bueno
unió	tubos	turbio
buró	robes	sueno
beso	abres	tirones
unes	nubes	**tiburones**
sube		

Cataloga las palabras según su **patrón inicial de:**
(ti) = **ti**ros, **ti**rones, **ti**burones,
(su) = **su**be, **su**bió, **su**eno.

Cataloga las palabras según su **patrón final de:**
(es) = r**es**, abr**es**, not**es**, un**es**, rob**es**, nub**es**, tiron**es,**
(bes) = ro**bes,** nu**bes.**

Las palabras transferidas de la palabra secreta son:
timbre, suave, barones, sabes.

Con las vocales y las consonantes: **i, e, o, s, t, c, n, s.**

Palabra secreta: **insectos**

Las palabras son:

cien	tosen/tenso	conste
sien	cosen	cientos
cisne	secos	**insectos**
cesto	siento	
cintos	tensos/sostén	

Cataloga las palabras según su **patrón inicial de:**
(ci) = **ci**en, **ci**ntos, **ci**entos, **ci**sne
(co) = **co**sen, **co**nste.

Cataloga las palabras según su **patrón de:**
(tos) = **tos**en, cin**tos**, cien**tos**, insec**tos**.

Cataloga las palabras según su **patrón final de:**
(sen) = to**sen**, co**sen**.

Las palabras transferidas de la palabra secreta son:
cima, come, talentos, cansen.

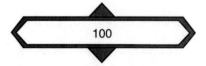

Con las vocales y las consonantes: **e, e, i, o, c, n, n, n, t, t.**

Palabra secreta: **continente**

Las palabras son:

cien	conté	intente
note	necio	contente
tinte	tiene	contiene
cinto	tiente	**continente**

Cataloga las palabras según su **patrón inicial de:**
(con) = **con**té, **con**tiene, **con**tente, **con**tinente.

Cataloga las palabras según su **patrón final de:**
(ente) = ti**ente**, int**ente**, cont**ente**, contin**ente.**

Las palabras transferidas de la palabra secreta son:
contigo, corriente.

 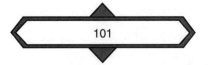

Con las vocales y las consonantes: **a, a, e, i, h, b, t, n, t.**

Palabra secreta: **habitante**

Las palabras son:

tina	tinte	habitan
bien	tanta	habiten
bate	tenía	**habitante**
ante	había	

Cataloga las palabras según su **patrón inicial de:**
(hab) = **hab**ía, **hab**ite, **hab**itan, **hab**itante.

Cataloga las palabras según su **patrón final de:**
(te) = ba**te**, an**te**, tin**te**, habi**te**n, habitan**te**.

Las palabras transferidas de la palabra secreta son:
hablan, bastante.

Con las vocales y las consonantes: **i, i, e, o, n, n, v, r.**

Palabra secreta: **invierno**

Las palabras son:

en	iré	envió
vi	vine	nervio
no	vino	vieron
ver	nevó	vinieron
vio	venir	**invierno**

Cataloga las palabras según su **patrón inicial de:**
(**vi**) = **vi**, **vi**o, **vi**no, **vi**eron.

Cataloga las palabras según su **patrón final de:**
(**vio**) = **vio**, en**vió**, ner**vio**,
(**no**) = vi**no**, invier**no**.

Las palabras transferidas de la palabra secreta son:
vimos, novio, verano.

Con las vocales y las consonantes: **a, a, e, i, d, m, n, t.**

Palabra secreta: **diamante**

Las palabras son:

dieta	atine/tenía	mandan
dame	tanda	meditan
Adán/nada	media	mediana
dime/mide	midan	**diamante**
	menta/metan/teman	

Cataloga las palabras según su **patrón inicial de:**
(med) = **med**ia, **med**itan, **med**iana.

Cataloga las palabras según su **patrón de:**
(dia) = me**dia,** me**dia**na, **dia**mante.

Cataloga las palabras según su **patrón final de:**
(an) = Ad**án,** mid**an,** met**an,** mand**an.**

Las palabras transferidas de la palabra secreta son:
medirte, podía, miran.

Con las vocales y las consonantes: **a, e, e, u, i, t, t, d, n, s.**

Palabra secreta: **estudiante**

Las palabras son:

esta	Diana	destine
días	nadie	estudie
ante	diente	distante
tenía	tuesta	**estudiante**

Cataloga las palabras según su **patrón inicial de:**
(est) = **est**a, **est**udie, **est**udiante.

Cataloga las palabras según su **patrón final de:**
(nte) = a**nte**, die**nte**, dista**nte**, estudia**nte.**

Las palabras transferidas de la palabra secreta son:
estuve, puente.

Con las vocales y las consonantes: **a, i, o, b, r, v, s.**

Palabra secreta: **víboras**

Las palabras son:

vi	rías	
vos	vías	robas/sabor
vas	rosa	varios
así	vaso	**víboras**
iba	rabo/roba	

Cataloga las palabras según su **patrón inicial de:**
(va) = **va**s, **va**so, **va**rios.

Cataloga las palabras según su **patrón final de:**
(ías) = r**ías**, v**ías.**

Las palabras transferidas de la palabra secreta son:
vara, habías.

Con las vocales y las consonantes: **a, a, e, i, o, g, g, r, f.**

Palabra secreta: **geografía**

Las palabras son:

rifa	gafa	fregar
reír	feria	friega
fiar	riega	agrega
gira	rogar	**geografía**
aire	agria	

Cataloga las palabras según su **patrón inicial de:**
(agr) = **agr**ia, **agr**ega.

Cataloga las palabras según su **patrón final de:**
(ia) = fer**ia**, agr**ia**, geograf**ía**,
(ega) = ri**ega**, fri**ega**, agr**ega.**

Las palabras transferidas de la palabra secreta son:
agrio, urgía, ruega.

Con las vocales y las consonantes: **a, e, o, o, u, g, j, l, t.**

Palabra secreta: **guajolote**

Las palabras son:

ojo	ojal/jalo	olote
ajo	teja/jeta	alego
jale	algo/lago	luego
jugo	aloje/alejo	juégalo
ojea	agote/gotea/gateo	**guajolote**

Cataloga las palabras según su **patrón inicial de:**
(al) = **al**go, **al**oje, **al**ego, **al**ejo.

Cataloga las palabras según su **patrón final de:**
(go) = al**go**, la**go**, ale**go**, lue**go**,
(ote) = ag**ote**, ol**ote**, guajol**ote**.

Las palabras transferidas de la palabra secreta son:
algún, ruego, molote.

Con las vocales y las consonantes: **e, e, i, o, o, c, r, r, n, n, t.**

Palabra secreta: **rinoceronte**

Las palabras son:

cero	terco	rincón
toro/roto/otro	conté	tronco
cien	cierto	recorte
cinto	ronco	reciente
tirón	cierre	inocente
recio	tocino	**rinoceronte**

Cataloga las palabras según su **patrón inicial de:**
(rec) = **rec**io, **rec**orte, **rec**iente,
(cie) = **cie**n, **cie**rre, **cie**rto.

Cataloga las palabras según su **patrón final de:**
(co) = ron**co**, ter**co**, tron**co**,
(nte) = co**nté**, recie**nte**, inoce**nte**, rinocero**nte**.

Las palabras transferidas de la palabra secreta son:
receso, cierta, foco, cante.

 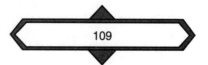

Con las vocales y las consonantes: **a, i, o, o, g, l, n, d, r, n, s.**

Palabra secreta: **golondrinas**

Las palabras formadas son:

ando	salón/lonas	sonando
galón	logras	rogando
ronda	sonido	logrando
dolor	Sonora	golosina
		golondrinas

Cataloga las palabras según su **patrón inicial de:**
(**son**) = **son**ido, **Son**ora, **son**ando.

Cataloga las palabras según su **patrón final de:**
(**ando**) = **ando**, logr**ando**, son**ando**,
(**alón**) = g**alón**, s**alón**.

Las palabras transferidas de la palabra secreta son:
sonaba, cantando, talón, guisando.

Con las vocales y las consonantes: **a, e, i, o, r, r, g, n, d.**

La palabra secreta: **Río Grande**

Las palabras son:

dar	regar	oigan
oir/río	dirán	grande
raro	rinde	Gerardo
rigor	rogar	geranio
ande	agrio	engorda
diera	grano	riegan
rodar	rendir	regando
	gorda	**Río Grande**

Cataloga las palabras según su **patrón inicial de:**
(gr) = **gr**an, **gr**ano, **gr**ande.

Cataloga las palabras según su **patrón final de:**
(an) = gr**an**, dir**án**, oig**an**, rieg**an.**

Las palabras transferidas de la palabra secreta son:
granjero, juegan.

Con las vocales y las consonantes: **i, o, o, u, l, s, s, p, c, d.**

Palabra secreta: **los Cupidos**

Las palabras son:

sus	dócil	picudos
das	pudo	sólidos
dúo	solos	soplidos
codo	oídos	**los Cupidos**
lodo	soplo	
cupo	pulidos	

Cataloga las palabras según su **patrón inicial de: (sol)** = **sol**os, **sól**idos.

Cataloga las palabras según su **patrón final de: (dos)** = oí**dos,** sóli**dos,** sopli**dos,** puli**dos,** picu**dos,** los Cupi**dos.**

Las palabras transferidas de la palabra secreta son: **solito, cumplidos.**

Con las vocales y las consonantes: **a, e, i, i, o, s, t, m, c, n.**

Palabra secreta: **estimación**

Las palabras son:

cima	imita	asome
toma	comen	camisón
necia	estima	escatimo
tacón	manto	estación
cante	manso	**estimación**

Cataloga las palabras según su **patrón inicial de:**
(est) = **est**ima, **est**ación, **est**imación.

Cataloga las palabras según su **patrón final de:**
(ón) = tac**ón**, camis**ón**, estaci**ón**, estimaci**ón.**

Las palabras transferidas de la palabra secreta son:
estimar, emoción.

Con la vocal y las consonantes: **a, a, a, e, i, m, m, t, t, c, s.**

Palabra secreta: **matemáticas**

Las palabras son:

meta/tema	casita	matitas
cima/mica	atacas	masticas
seca	estaca	mamacita
casta	maceta	**matemáticas**
ética	mesita	

Cataloga las palabras según su **patrón inicial de:**
(ma) = matitas, **ma**ceta, **ma**sticas, **ma**temáticas,
(cas) = casta, **cas**ita.

Cataloga las palabras según su **patrón final de:**
(ta) = me**ta**, cas**ta**, casi**ta**, mace**ta**, mesi**ta**, mamaci**ta**
(cas) = ata**cas**, masti**cas**, matemáti**cas**.

Las palabras transferidas de la palabra secreta son:
mantel, castilla, maleta, muecas.

Con las vocales y las consonantes: **a, e, o, o, l, p, d, s, r.**

Palabra secreta: **leopardos**

Las palabras son:

par	ópera	paseo
Leo	poder	pesado
dos	sordo	operados
peor	paros	**leopardos**
pera/pare	pelar/perla	
arde/daré	pardos/prados	
pares/peras	reposo	

Cataloga las palabras según su **patrón inicial de:**
(par) = **par**, **par**es, **par**os, **par**dos,
(pe) = **pe**or, **pe**ra, **pe**lar, **pe**rla, **pe**sado.

Cataloga las palabras según su **patrón de:**
(are) = d**aré**, p**are**, p**are**s.

Cataloga las palabras según su **patrón final de:**
(dos) = **dos**, par**dos**, opera**dos**, leopar**dos**.

Las palabras transferidas de la palabra secreta son:
parto, pensar, pareja, nudos.

(Para recortar la lección, solamente se utilizan las palabras de los **tres patrones** y la última palabra, **operados.**)

Con las vocales y las consonantes: **a, a, e, i, v, l, n, n, n, t, s.**

Palabra secreta: **San Valentín**

Las palabras son:

San	nivel	sienta	letanías
sin	lenta	valías	ventanal
ven	venta	tenías	**San Valentín**
ave	leías	envías/venías	
tela	avena	inventa	
tina	velan/valen	alienta	
vine	tensa	sentías	

Cataloga las palabras según su **patrón inicial de:**
(ven) = ven, venías, **ven**ta, **ven**tanal.

Cataloga las palabras según su **patrón final de:**
(ías) = ten**ías,** val**ías,** env**ías,** le**ías,** letan**ías,**
sent**ías,** ven**ías.**
(enta) = l**enta,** v**enta,** inv**enta,** ali**enta,** si**enta.**

Las palabras transferidas de la palabra secreta son:
vencer, noticias, enfrenta.

(Para recortar la lección, solamente se utilizan las palabras de los dos **patrones** y la última palabra, **ventanal**.)

Con las vocales y las consonantes: **a, a, a, a, i, m, l, s, s, n, t, n.**

La palabra secreta: **Las mañanitas**

Las palabras son:

tías	salsa	manías
sala	Anita	sanitas
lana	niñas	manitas
tina	tiñas	mañana
sino	atinas	mansitas
limas	manta	**Las mañanitas**
	ansia	

Cataloga las palabras según su **patrón inicial de:**
(sal) = **sal**a, **sal**sa.

Cataloga las palabras según su **patrón final de:**
(itas) = san**itas**, man**itas**, Las mañan**itas**,
(ias) = t**ías**, man**ías.**

Cataloga las palabras de **la consonante:**
(ñ) = ni**ñ**as, ti**ñ**as, ma**ñ**ana, Las ma**ñ**anitas.

Las palabras transferidas de la palabra secreta son:
salta, delicias, cañas.

Trabalenguas:
de la letra inicial

Elija a un alumno cuyo nombre empiece con la letra o el sonido inicial del trabalenguas con el que está trabajando. Pon su nombre en el espacio.

LETRA Aa:
Ejemplo: Anabel anda acá alegre ante abejas amarillas.
_____ acaba asustada al andar asustando águilas azules.
_____ antes andaba afanada adoptando ángeles ancianos.

LETRA Bb:
Ejemplo: Beatriz, bailando ballet, bebe bastantes biberones.
_____ brinda buena banca bajita bien barnizada.
_____ barre barrios baratos buscando burros blancos.
_____ bromea buscando bello botón brilloso bronce.

LETRA Cc:
Ejemplo: Carlos corre como conejo cuando come carne con caldo.
_____ canta canciones cálidas cuando coce cominos crudos.
_____ cuenta cuentos conmigo con cariño casi cálido.

SONIDO Ch:
Ejemplo: Chaquira choca charolas chinas chicas.
_____ chifla chupando chocolate chiquito.
_____ chapotea chalupas chinas chuecas.

LETRA Dd:
Ejemplo: Daniela da dos dulces después de diez dólares
_____ duerme doce días después de dar dos debates.
_____ decidió decorar diseños de doncellas danzantes.

LETRA Ee:

Ejemplo: Esteban estaba enojado echando elefantes en el elevador.

_____ está enfrente en esa estufa esperando enchiladas.

_____ envía este elote envuelto en ese envase.

_____ entra elegante en el empleo esperado.

LETRA Ff:

Ejemplo: Fabián fácil forma fábulas fonéticas famosas.

_____ fabrica finos frijoles fritos fríos.

_____ filma flamantes fiestas flamencas.

LETRA Gg:

Ejemplo: Gabriela guía grandes gorilas gritándoles "gorronas".

_____ goza guisando garbanzos güeros gordos.

_____ guía guías grandes gitanos galanes gentiles.

LETRA Hh:

Ejemplo: Héctor echa hierba húmeda hasta Hungría.

_____ hizo hasta huevos hervidos helados.

_____ hoy hizo honesta historia hispana.

LETRA Ii:

Ejemplo: Isabel intenta imitar idiomas infantiles.

_____ ilusa iba a ilustrar imágenes ilusas inglesas.

_____ imagina imponer ideas ilusas.

LETRA Jj:

Ejemplo: Joel jamás junta jamones jugosos.

_____ jala jarros joyeros japoneses.

_____ jura juzgar juicios judíos juntos.

LETRA Ll:

Ejemplo: Lucía luego luce los lentes lujosos.

_____ levanta laureles lindos leve lavados.

_____ lava los limones limpios, luego los lame.

SONIDO LL, ll:
Ejemplo: Lluvia llega llorando llevando llaves llamativas.
_____ lleva llantas llenando llanuras llenas.

LETRA Mm:
Ejemplo: Matilde merece muchas monedas moradas.
_____ mueve muchas montañas medio metro más.
_____ mañana mastica manzanas maduras marchitas.

LETRA Nn:
Ejemplo: Natalia nació nadando natural nevando nieve.
_____ nada necia, nunca nota nada normal.
_____ no nombra ningún nativo, nomás nueve naranjas.

LETRA Nñ:
(la letra ñ casi siempre se usa dentro de la palabra)
Ejemplo: Taña mañana tiñe pañales niñeros norteños.
_____ empeñada añora diseñar arañas españolas.

LETRA Oo:
Ejemplo: Oscar operó ocho oídos opacos.
_____ ofuscado ofrece otras once oraciones oscuras.
_____ obviamente ofrece obrar oficio oficial.

LETRA Pp:
Ejemplo: Patricia puso panes para personas pesadas.
_____ piensa poner posole para primavera.
_____ patina patinetas pintas para patos.

LETRA Qq:
Ejemplo: Queta quieta quiere quebrar queso quemado.
_____ quien quedó quedada, quiere quitar quinielas.
_____ quita quinto quiosco químico.

LETRA Rr:

Ejemplo: Rosita riega rápido ramos rosados rojos.

_____ recuerda razón recta roncando.

_____ ruega relatar recién relato real romano.

SONIDO RR, rr:

Ejemplo: Sierra corre carros en carriles forrados de corriente sarro.

_____ barre burros charros chaparros.

LETRA Ss:

Ejemplo: Sara seria siempre saca sus sopas secas.

_____ siempre se sienta sobre su suave silla.

_____ sueña sueños soñados sentada sola.

LETRA Tt:

Ejemplo: Tomás tiene tantas trocas todas teñidas.

_____ tiene tantos temas tan tensos.

_____ toca tangos, todos tienen toque tropical.

LETRA Uu:

Ejemplo: Ursula usa unas uñas únicas unidas.

_____ unió un último uniforme usado.

_____ untaba unas uvas útiles.

LETRA Vv:

Ejemplo: Vicente vende veinte vasos verdes viejos.

_____ visita varias vacas viudas violetas.

_____ vía visto volar valientes venados vaqueros.

LETRA Yy:

Ejemplo: Yolanda y yo yugulamos (cortamos) yerbas.

_____ y yo yugulamos (cortamos) yerbas.

LETRA Zz:

Ejemplo: Zuleika, zurda zurce zanahorias zumosas.

_____ zapatea zapatos zafiros zancudos.

_____ zafada, zangolotea zarzuela zacatecana.

Trabalenguas:
del sonido final

Después de repasar el sonido final del trabalenguas con la clase, pregunte por los patrones en las palabras del trabalenguas. Luego cada alumno escribirá e ilustrará el trabalenguas para el libro de clase:

LETRA A:
Ana la cubana suena la campana toda la semana cada mañana.
Alicia aprisa da una sonrisa a Leticia para la clara noticia a la albricia.

LETRA E:
Clemente tiene entre ese diente ese diente caliente.
Selene aunque le apene viene y se entretiene sin llene.

LETRA Dd:
David da amistad de verdad en la festividad de Navidad.

LETRA Ii:
Aradeli aquí fui, ni vi si abrí así a Noemí.

LETRA Ll:
Chantal ¿cuál corral del nopal ideal es panal?

LETRA Nn:
Esteban y Adán ven a quien ven en un buen tren.

LETRA Oo:
Octavio subió solo, luego vio sentado atado al tío cansado.
Federico rico cerró su pico y comió frío en todo el río.
Pancho abajo ponchó ancho a Lencho con trabajo en el rancho.

LETRA Rr:
Marifer sin saber va poder comer y beber y ver correr a Ester.

LETRA Uu:
Lulu Cantú, en su Subarú sube su menú.

LETRA Yy:
Faby hoy voy a Paraguay y estoy allí con Chuy.

LETRA Zz:
Anaiz vez la vejez del juez con rapidez del pez.

Abejas, abejitas

Ustedes volando pican
y sus piquetes aplican
porque a eso se dedican
y con todos se desquitan
cuando su panal les quitan.

Aguilas, aguilitas

Las aves más suavecitas
con su piel de terciopelo
que se aprecia con su vuelo
cuando pasan por el cielo
que las cubre con su velo.

Mariposa, mariposa

Te confundes con las rosas
porque todas son preciosas
de diferentes colores
y con sus suaves olores
adornando los alrededores.

Golondrinas, golondrinas

Son viajeras de fronteras
durante las primaveras
cuando pasan por praderas
y se paran dondequiera
a cantar y comer peras.

Guajolote, guajolote

El pájaro más grandote
que empieza con su mitote
y comienza su borlete
hasta que le dan su cohete
y de todos es banquete
con su salsa en molcajete.

Tortugas, tortuguitas

Tortugas y tortuguitas
hay grandotas y chiquitas
que caminan tan quedito
imitando a los viejitos
con sus piecitos chiquitos

Leopardos, leoparditos

Leopardos y leoparditos
corren casi como un rayo
y más rápido que un caballo
sin tener ningún desmayo
durante todo el mes de mayo.

Pantera, panterita

Con su brillo negro resplandece
de noche cuando oscurece
y luego cuando amanece
de pronto desaparece.

Gusano, gusanito

Gusano y gusanito
¿Por qué estarás tan larguito?
¿Será que tienes que caminar
por estos suelos sin parar
teniéndote que arrastrar
para a tu destino llegar?

Invierno, invierno

El invierno es favorito
de todos mis amiguitos
para pasear en carritos
y de nieve hacer monitos
con nariz, boca, y ojitos
y su escoba, y sus gorritos
luego acaban cansaditos
y piden chocolatito.

Palomas, palomitas

Se reúnen en bolitas
para platicar solitas
y planear todas sus citas
de parar en las mesitas
donde están muchas viejitas
merendando calladitas.

Conejos, conejitos

Blancos y coloraditos,
y también anaranjaditos,
que se juntan con patitos,
a escarbar el zacatito,
de todo mi jardincito.

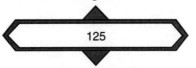

Domingo, dominguito

Cuando llegan los domingos
salgo siempre como un pingo
para ver a los flamingos
disfrazados de vikingos
para juntarse en el bingo.

Maestra, maestra

Mi maestra tan maravillosa
tan bonita y fina como una rosa,
ella me enseña cosas a diario
como si fuese un diccionario
y así aumentar mi vocabulario
y competir con mi pájaro canario.

Estrella, estrellita

Brillas como una perlita
y me das tu lucecita
cuando me siento solita
delante de mi puertita
porque estoy tan tristecita
esperando a mi mamita.

Perico, periquito

Yo tengo un perico fino
pues él canta tan ladino
en inglés y en latino
también habla mucho en chino
que molesta hasta el vecino
que a darme la queja vino
de mi perico hablantino.

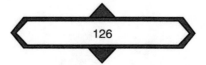

Formando Palabras en español

Navidad, Navidad

Cuando llega Navidad
hay mucha felicidad
con cariño de verdad
se demuestra la bondad
en toda la humanidad.

Día de las madres

Madre mía, madre mía,
eres la bella canción
que nace del corazón
para dar motivación
y llenarme de emoción.
Tu amor de madre tan pura
me demuestra tu ternura
siempre con tanta dulzura.
Madre mía, madre mía,
con tu guía de cada día
tú me llenas de alegría.

Ratones, ratoncitos

salen todos ligeritos
a buscar todo el quesito
pero en cada rinconcito
siempre encuentran al gatito
que los quiere en su platito.

Otoño, otoñito

Bajo el árbol del otoño
yo me siento allí con Toño
a formar un grande moño
de hojas rojas y moradas
cafés, verdes, y amarillas
y también anaranjadas
que están del árbol colgadas
como bellas aracadas
de las que usan las hadas.

Formando Palabras en español

Estimados padres,

El bloque de Formando Palabras en español, es una actividad en nuestra aula que ayuda al alumno al entendimiento fonético del español, como también a propiciar conciencia en el deletreo de las palabras. Así, los alumnos aprenden a relacionar el sonido de las letras, utilizándolas durante la formación de palabras.

Con el bloque de Formando Palabras en español, estamos fomentando e incrementando el aprendizaje de deletreo, lectura y escritura en nuestros alumnos, aprovechando la claridad fonética del idioma español.

Incluyo una actividad de Formando Palabras en español, con las letras indicadas, para que la comparta con su hijo(a) en su hogar. En la actividad encontrará breves instrucciones a seguir.

Sin otro particular,

_____
Maestro(a) de su hijo(a)

La página de tarea es para llevar a casa y compartir con sus padres. Se cortan las letras del lado y las de abajo de la tabla de tarea para formar palabras. Después, el alumno(a) apunta en la página de tarea las palabras que formó, de acuerdo a su deletreo, el patrón inicial, final, o intermedio.

(La tabla de tarea tendrá que ser hecha a mano o sacar copia del manuscrito.)

á	é	í	ó
ú	ñ	A	A
A	E	E	I
I	O	O	U
U	B	B	C

o	i	e	a
a	a	ñ	u
i	e	e	a
u	o	o	i
c	b	b	u

C	C	D	D
F	F	G	G
H	H	J	J
K	L	L	L
M	M	N	N

d	d	c	c
g	g	f	f
j	j	h	h
l	l	l	k
n	n	m	m

N	P	P	Q
R	R	R	S
S	T	T	V
V	W	X	X
Y	Y	Z	Z

Formando Palabras en español

q	p	p	n
s	r	r	r
v	t	t	s
x	x	w	v
z	z	y	y

Formando Palabras en español

Referencia Rápida de Palabras Secretas
Palabras secretas en español e inglés

* Esta referencia está diseñada especialmente para los maestros y alumnos de las aulas de Idioma Dual donde exista la necesidad de asociar las palabras en inglés y español, en una forma rapidá. Esta referencia está en orden de aparición según el nivel y el número de la página.

Primer grado

página	español	inglés
10	mayo	May
11	jueves	Thursday
12	abril	April
13	enero	January
14	dividiré	divide (will)
15	cámara	camera
16	palmas	palms
17	amistad	friendship
18	globos	balloons
19	otoños	autumns (plural)
20	árbol	tree
21	alacrán	scorpion
22	abejitas	small bees
23	lunes	Monday
24	julio	July
25	junio	June
26	Clemente	same (a person's name)
27	presente	present

página	español	inglés
28	martes	Tuesday
29	marzo	March
30	lámpara	lamp
31	calamar	squid
32	chocolate	chocolate
33	conejos	rabbits
34	domingo	Sunday
35	semana	week
36	llamada	call
37	plancha	iron
38	ballenas	whales
39	sábado	Saturday
40	galletas	cookies
41	noventa	ninety
42	agosto	August
43	regalos	gifts
44	mañanitas	mornings
45	venados	deer (plural)
46	Navidad	Christmas
47	maestra	teacher

página	español	inglés
48	febrero	February
49	atrapada	trapped
50	bandera	flag
51	báscula	scale
52	Mercedes	Mercedes
53	elefantes	elephants
54	corazón	heart
55	verano	summer
56	planetas	planets
57	canastas	baskets
58	canarios	canaries
59	fantasma	ghost
60	barranca	ravine
61	chamarra	jacket
62	pericos	parrots
63	tortugas	tortoises
64	huevitos	small eggs
65	primavera	spring
66	viernes	Friday
67	camarón	shrimp
68	octubre	October
69	hormigas	ants
70	estrella	star
71	diciembre	December

página	español	inglés
72	cucaracha	cockroach
73	septiembre	September
74	noviembre	November
75	felicidad	to be happy
76	caramelo	caramel candy
77	árboles	trees
78	águilas	eagles
79	pantera	panther
80	animales	animals
81	amistades	friendships
82	uniforme	uniform
83	tamales	tamales

página	español	inglés
84	flamenco	Spanish dance/flamingo
85	triángulo	triangle
86	gansitos	goslings
87	luminaria	candle light
88	mariposa	butterfly
89	alacranes	scorpions
90	delfines	dolphins
91	universo	universe
92	farolitos	lanterns
93	retratos	pictures
94	zanahoria	carrot
95	miércoles	Wednesday
96	panteras	panthers
97	ratones	mice
98	angelito	little angel
99	tiburones	sharks
100	insectos	insects
101	continente	continent
102	habitante	inhabitant
103	invierno	winter
104	diamante	diamond
105	estudiante	student
106	víboras	vipers
107	geografía	geography

página	español	inglés
108	guajolote	turkey
109	rinoceronte	rhinoceros
110	golondrinas	swallows
111	Río Grande	big river
112	los Cupidos	Cupids
113	estimación	estimation
114	matemáticas	mathematics
115	leopardos	leopards
116	San Valentín	St. Valentine
117	las mañanitas	early mornings

GLOSARIO DE REGIONALISMOS

amena—pleasant
anca—haunch
asea—from "asear": to tidy up
azar—destiny, fate, chance
balsa—pond
báscula—scale
bolo—coin
bolitas—small crowds
borlete—uproar, commotion
buró—bureau (furniture)
carcacha—jalopy
cayo—islet
chacra—small farm
chalán—shady businessman
choclo—flat shoe
escatimo—from "escatimar": to curtail
guajolote—turkey
guinda—dark red, maroon
hoz—sickle
lacra—mark left by illness
lía—plaited esparto grass
maca—parrot
malva—mauve
mitote—gossip, uproar
molote—hair bun
morza—carpenter's vise
olote—corn cob
patán—peasant
racha—luck
ralo—thin
reo—prisoner
sarape—blanket
semita—bread
solapa—lapel

Cunningham, P. M. *Phonics They Use: Words for Reading and Writing,* New York: Harper Collins, 1995.

Cunningham, P. M. & Hall, D. P. *Making Words,* Carthage, IL: Good Apple, 1994.

Cunningham, P. M. & Hall, D. P. *Making More Words,* Carthage, IL: Good Apple, 1997.

Cunningham, P. M. & Hall, D. P. *Making Big Words,* Carthage, IL:Good Apple, 1994.

Cunningham, P. M. & Hall, D. P. *Month-By-Month Phonics For First Grade: Systematic, Multilevel Instruction,* Greensboro, NC: Carson-Dellosa 1997.

Cunningham, P. M. & Hall, D. P. *Month-By-Month Phonics For Second Grade: Systematic, Multilevel, Instruction,* Greensboro, NC: Carson-Dellosa, 1998.

Cunningham, P. M. & Hall, D. P. *Month-By-Month Phonics For Third Grade: Systematic, Multilevel Instruction,* Greensboro, NC: Carson-Dellosa, 1998.

Cunningham, P. M., Hall, D. P., & Sigmon, C. M. *The Teacher's Guide to the Four Blocks,* Greensboro, NC: Carson-Dellosa,1999.

Fry, E. B., Kress, J. E., & Fountoukidis, D. L. *The Reading Teacher's Book of Lists: Fourth Edition,* Paramus, NJ: Prentice Hall, 2000.

Johns, J. L. & Lenski, S. D., *Improving Reading: A Handbook of Strategies,* Dubuque, IA: Kendall Hunt, 1997.

Kohfeldt, Joyce, *Tongue Twisters to Teach Phonemic Awareness and Phonics,* Greensboro, NC: Carson-Dellosa, 2000.

Peers, E. A., Barragán, J. V., Vinyals, F. A. & Mora, J. T. *Cassell's Spanish Dictionary,* New York, NY: Macmillan, 1968.

Ramboz, I. W. *Spanish Verbs and Essentials of Grammar,* Chigaco, IL: NTC/Contemporary Publishing Group, 1983.

Smith, C., Bradley, D., de Carlos, T., Rodrigues, L. & Parrondo, J. L. *Collins Spanish-English English-Spanish Dictionary,* New York, NY, 1992.